El jardín de rosas

por Carlos Ulloa • ilustrado por Jim DeWildt

Destreza clave Masculino/femenino -o/-a
Palabras de uso frecuente buen, algunas

Scott Foresman
is an imprint of

Es un buen día para ir al jardín.
Mira algunas rosas rojas.

Mira algunas rosas amarillas.

Papá sabe todo del jardín.

Se asoma Vero y ve una oruga en las rocas.
Qué bonita la oruga.

¿Qué será de la oruga?
En un buen rato será una mariposa.

¿Será la oruga una mariposa?
¡Qué raro!

No es raro.

Cuando sale de su capullo será una mariposa.

Hay algunas mariposas en el ramo de rosas.
Rosas rojas en un jarro de barro para mamá.